孙颖莎·责任与梦想

《乒乓世界》编辑部 编著

这里，群星闪耀

人民体育出版社

乒坛典藏·绽放巴黎

引子

在东京奥运会上，20岁的孙颖莎崭露头角，拿到了个人第一枚奥运金牌（团体）。在那之后的巴黎周期，她始终保持着极强的战斗力。三年间，她几乎拿遍了所有大赛的冠军，长时间以极大优势占据着世界排名的榜首位置，成为当代女子乒坛的神话。

当日历倏忽翻到2024年的夏天，"奥运夺冠"的呼声是众望所归的期盼，也是23岁的孙颖莎身上沉甸甸的责任。四年前的东京，乒乓球混双比赛首次成为奥运会项目，中国队遗憾地与这枚金牌失之交臂。在巴黎，孙颖莎和搭档王楚钦

的首要任务便是为国乒收复混双"失地"。此前几年的潜心磨砺，只为这一刻圆一个迟到的梦。然而奥运赛场格外凶险，有一向的劲敌，有未知的"黑马"，一次次落后，又一分一分赢回来，在那充满殷切期待的刹那，"莎头组合"不负众望，拿下国乒历史上首枚奥运会混双金牌。

转战单打赛场后，孙颖莎成功守住自己的半区，连战连捷，和队友陈梦顶峰相见。这是一个国家梦想和个人梦想交汇的时刻，孙颖莎虽然守住了五星红旗升起的最后一道防线，却没能挡住东京奥运会的剧情重演。一枚浸着汗水和泪水、刻着梦想和遗憾的银牌，同样弥足珍贵，毕竟逐梦的征程重过奖牌本身。

孙颖莎的征程不仅限于单打赛场，她很快调整心态，站上接踵而至的团体赛场。这次，她更不敢有丝毫的犹豫和松懈，穿着儿时梦想里背后印有自己名字的球衣，携手队友陈梦、王曼昱，共同捍卫中国乒乓球队的荣誉。球衣胸前那面国旗是她们的底气，她们让五星红旗再次飘扬在奥运赛场。

闭幕式那天，孙颖莎作为亚洲运动员代表，和其他各大洲的代表们一同熄灭奥运圣火、挽手面向全世界。万众瞩目下，孙颖莎说她在那一刻释怀了，因为世界好大，未来还有无限可能；因为她没有辜负肩上的责任，更没有辜负心中的梦想；因为无论成功失败，她仍拥有再出发的勇气；因为梦想不会发光，发光的是每一个追梦的人。

目录 CONTENTS

混 双 MIXED DOUBLES

1/8 决赛　　／ 003

1/4 决赛　　／ 011

半决赛　　／ 021

决赛　　／ 029

PING PONG

女 单　WOMEN'S SINGLES

1/32 决赛　　／ 039

1/16 决赛　　／ 047

1/8 决赛　　　／ 053

1/4 决赛　　　／ 061

半决赛　　　／ 069

决赛　　　　／ 077

女 团　WOMEN'S TEAMS

1/8 决赛　　　／ 085

1/4 决赛　　　／ 091

半决赛　　　／ 097

决赛　　　　／ 103

闭幕式　CLOSING CEREMONY

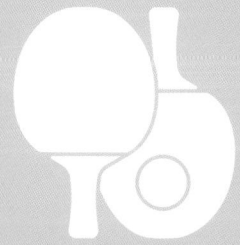

混 双

MIXED DOUBLES

1/8 决赛

>>> **2024 / 7 / 27**

王楚钦/孙颖莎 4 比 0（11-7，11-8，11-4，11-3）战胜埃及组合奥马尔/梅谢里夫，完成巴黎奥运会上的混双首秀。

首轮比赛中他们没有放松警惕,迅速进入状态,发挥和调动得都很不错。

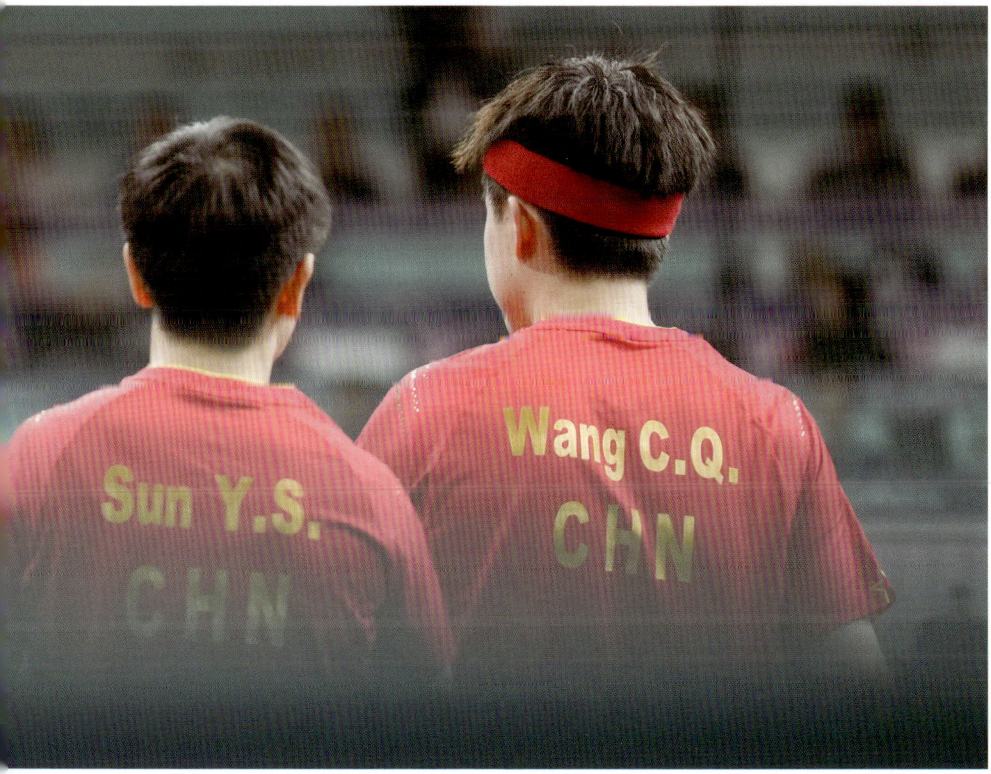

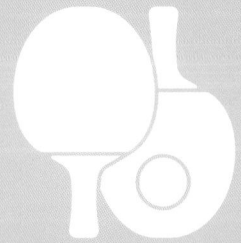

混 双

MIXED DOUBLES

1/4 决赛

>>> **2024 / 7 / 28**
王楚钦/孙颖莎在1/4决赛遇到强敌。在大分两度落后的情况下，他们最终以4比2（7-11, 11-6, 6-11, 11-7, 11-9, 11-3）战胜中国台北的林昀儒/陈思羽。

及时有效的沟通是孙颖莎和王楚钦两人调动状态和排解压力的良方。

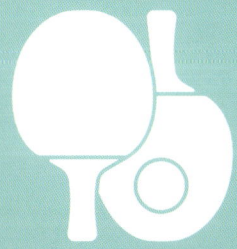

混 双

MIXED DOUBLES

———————————

半 决 赛

>>> **2024 / 7 / 29**

王楚钦 / 孙颖莎遇到韩国组合林钟勋 / 申裕斌的强力冲击。同样在大分两度落后的局面下，王楚钦 / 孙颖莎再次以 4 比 2（6-11，11-7，9-11，11-5，11-7，11-9）战胜对手。

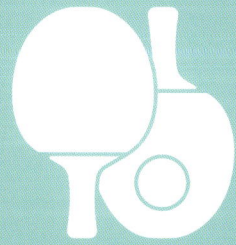

混 双

MIXED DOUBLES

_____

决 赛

>>> **2024 / 7 / 30**
王楚钦 / 孙颖莎在混双决赛中迎战朝鲜"黑马"李正植 / 金琴英。

六局激战后,王楚钦/孙颖莎以4比2(11-6,7-11,11-8,11-5,7-11,11-8)夺魁。

在巴黎登顶的王楚钦/孙颖莎为中国队实现了奥运混双金牌零的突破。

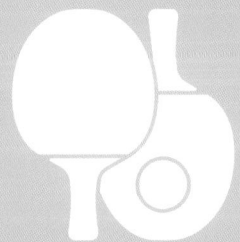

女 单
WOMEN'S SINGLES

1/32 决赛

>>> **2024 / 7 / 28**

混双淘汰赛期间，身兼多项的孙颖莎正式开启了女单征程。

孙颖莎4比0(11-3, 11-6, 11-6, 11-5)淘汰巴西选手高桥·朱丽叶。

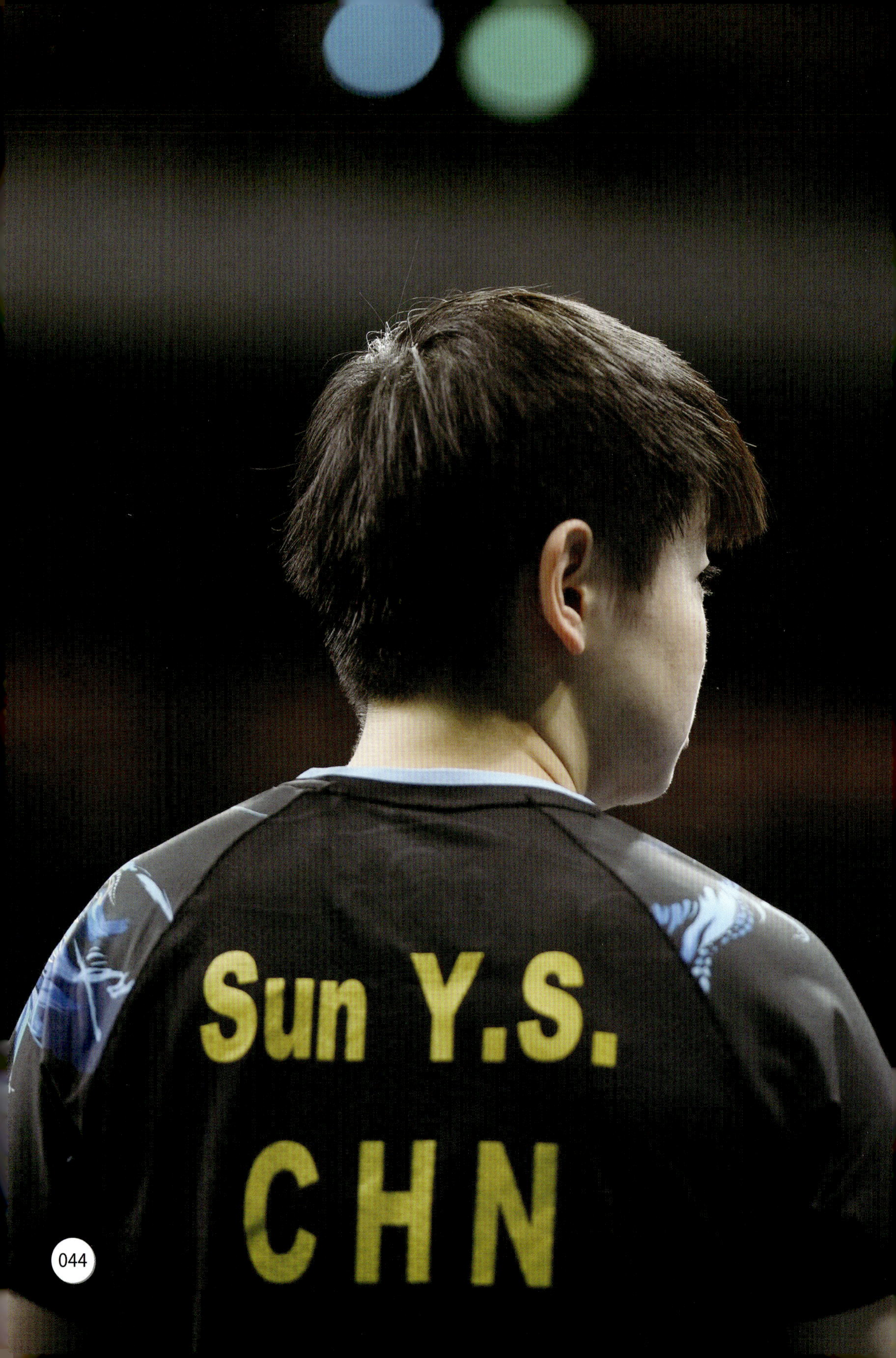
Sun Y.S.
CHN

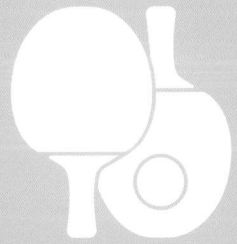

女单

WOMEN'S SINGLES

1/16 决赛

>>> **2024 / 7 / 31**
孙颖莎与代表卢森堡出战的前世界冠军倪夏莲尽情享受比赛。

孙颖莎直落4局（11-5，11-1，13-11，11-4）顺利晋级。

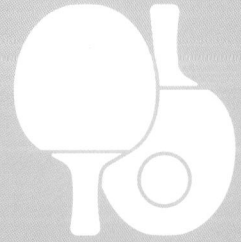

女 单

WOMEN'S SINGLES

1/8 决赛

>>> **2024 / 8 / 1**
孙颖莎迎来了印度特殊打法选手阿库拉。

经过前两局的适应后，孙颖莎再次4比0（12-10，12-10，11-8，11-3）零封对手。

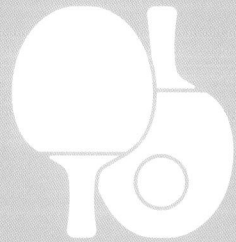

女 单

WOMEN'S SINGLES

1/4 决赛

>>> **2024 / 8 / 1**
孙颖莎凭借稳定的发挥，4 比 0（11-7，11-4，19-17，11-5）淘汰中国台北选手郑怡静。
双方在第三局打出了 19 比 17 的超高比分，孙颖莎赢在了内心的坚定。

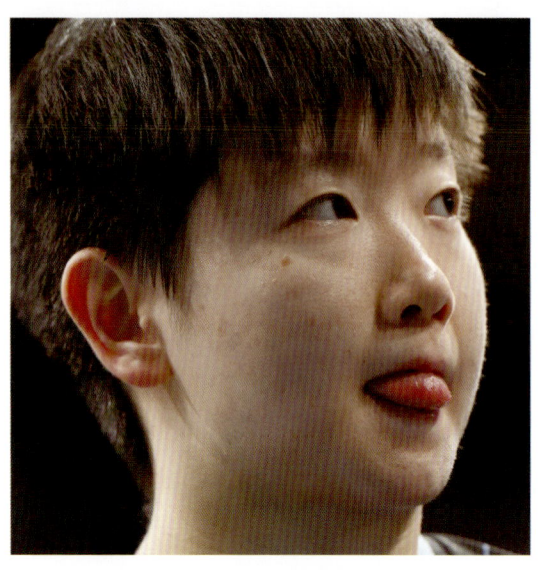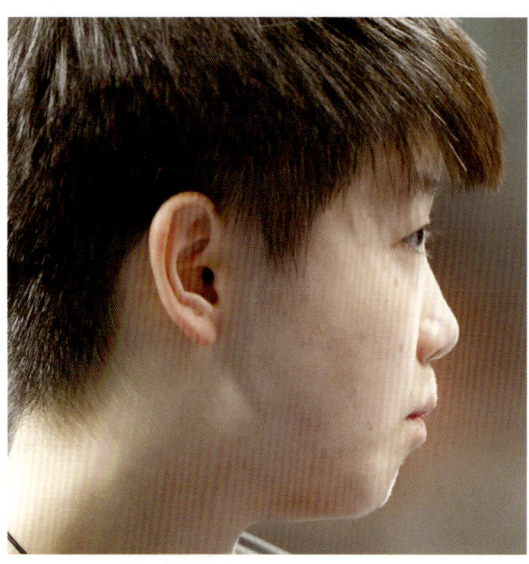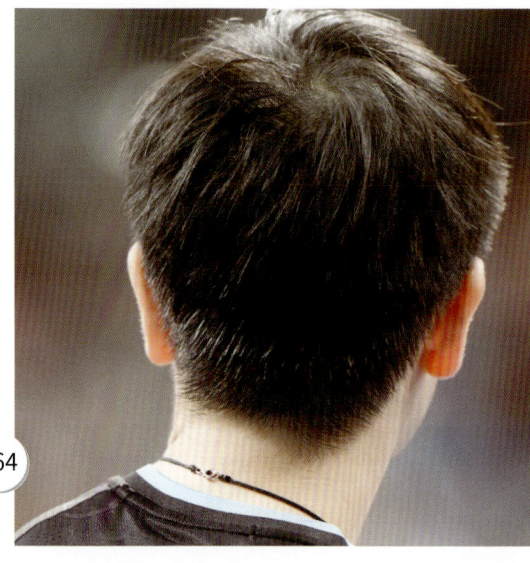

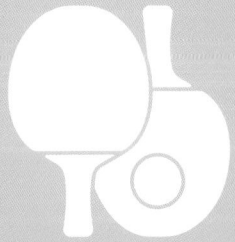

女 单

WOMEN'S SINGLES

半 决 赛

>>> **2024 / 8 / 2**
半决赛中,孙颖莎迎来了老对手——来自日本的早田姬娜。

073

4比0（11-6，11-8，11-8，11-2）完胜后，孙颖莎取得了面对早田姬娜的17连胜。

此役后，孙颖莎在单打赛场上仍然保持着一局未丢的战绩。

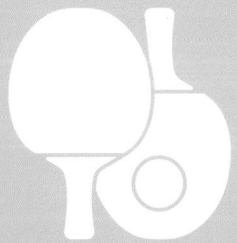

女单
WOMEN'S SINGLES

决赛

>>> **2024 / 8 / 3**
东京奥运的对决再次重演。

面对状态出色的陈梦，孙颖莎2比4（11-4，7-11，4-11，11-9，9-11，6-11）不敌对手，再次收获奥运女单银牌。虽然没能完成"大满贯"，但孙颖莎依然坦然地面对失利，祝贺对手。

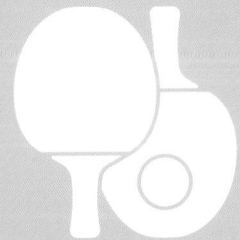

女 团

WOMEN'S TEAMS

1/8 决赛

>>> **2024 / 8 / 5**
孙颖莎在第二盘出战单打。

继混双后,孙颖莎第二次遇到埃及选手梅谢里夫,以3比1(11-5,11-4,8-11,11-7)胜出。

089

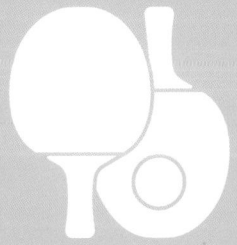

女 团

WOMEN'S TEAMS

1/4 决赛

>>> **2024 / 8 / 8**

面对中国台北的郑怡静，孙颖莎气定神闲，以3比0（11-9，11-2，11-8）速胜，没给对手任何机会。

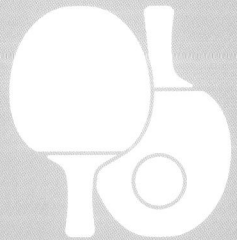

女 团

WOMEN'S TEAMS

半 决 赛

>>> **2024 / 8 / 8**

孙颖莎迎战首次代表韩国队参加奥运会的李恩惠。无论实力还是经验，孙颖莎都完全"盖"住了对手，取得3比0（11-5，11-1，11-3）的完胜。

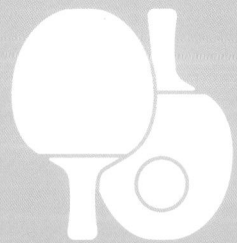

女 团

WOMEN'S TEAMS

决 赛

>>> **2024 / 8 / 10**
孙颖莎依然镇守"一单"。
在与日本选手平野美宇的较量中，孙颖莎曾在第一局陷入 1 比 7 落后的困境。

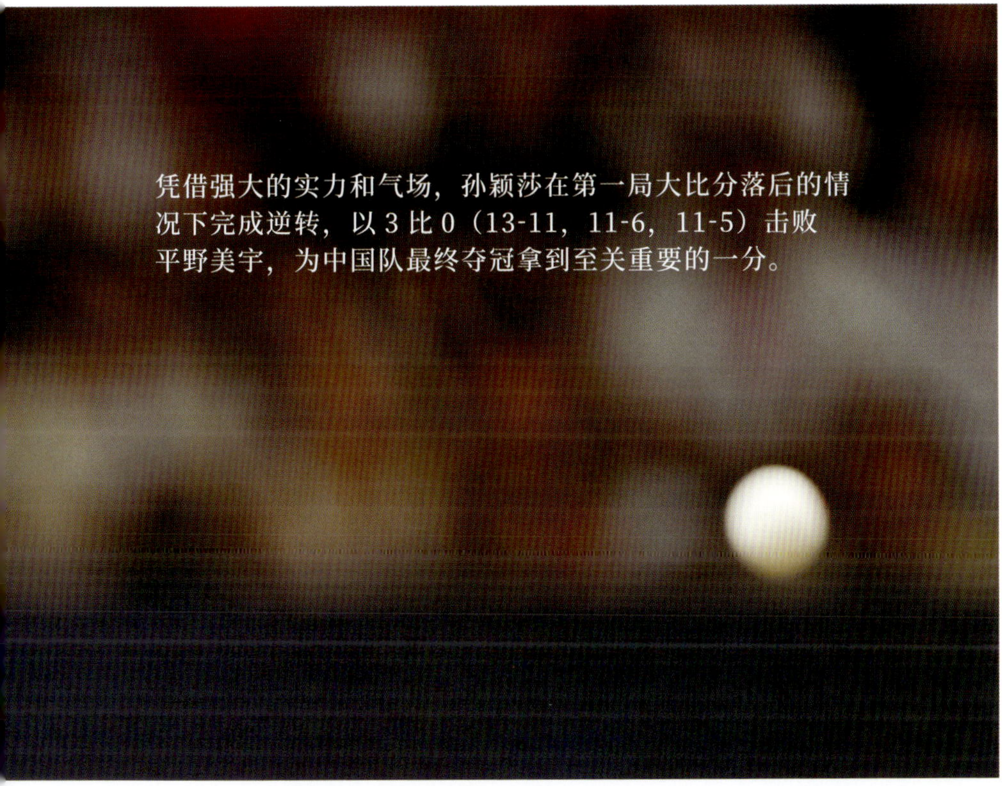

凭借强大的实力和气场，孙颖莎在第一局大比分落后的情况下完成逆转，以3比0（13-11，11-6，11-5）击败平野美宇，为中国队最终夺冠拿到至关重要的一分。

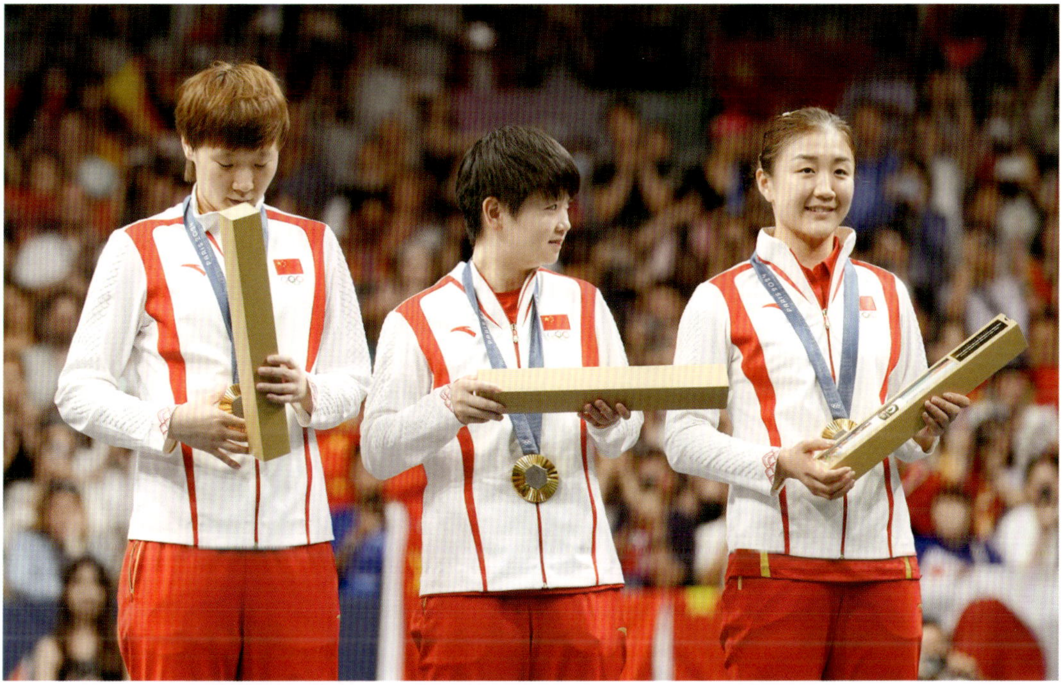

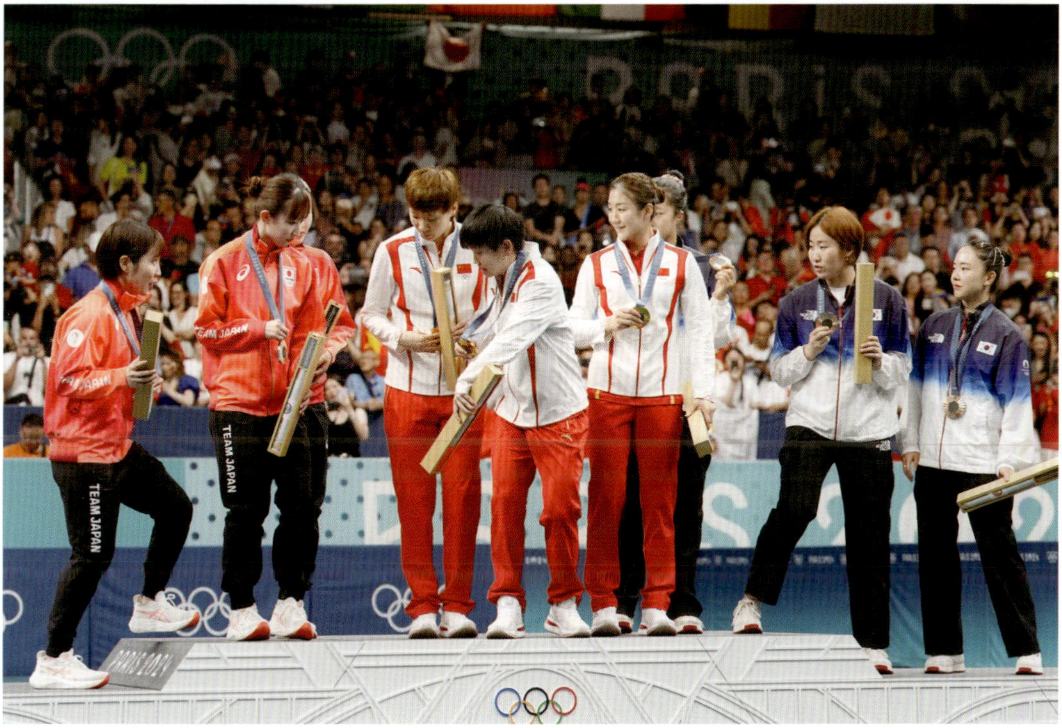
TEAM JAPAN
TEAM JAPAN
TEAM JAPAN

巴黎奥运会闭幕，孙颖莎作为唯一的亚洲运动员代表和其他大洲的运动员一起熄灭了奥运火种，光荣且沉浸式地结束了这次巴黎之旅。

图书在版编目（CIP）数据

这里，群星闪耀：乒坛典藏·绽放巴黎.责任与梦想——孙颖莎/《乒乓世界》编辑部编著. -- 北京：人民体育出版社, 2025. -- ISBN 978-7-5009-6575-6

Ⅰ.K825.47

中国国家版本馆CIP数据核字第202447761N号

这里，群星闪耀：乒坛典藏·绽放巴黎.责任与梦想——孙颖莎

《乒乓世界》编辑部 编著
出　　版：人民体育出版社
发　　行：人民体育出版社
　　　　　北京长江新世纪文化传媒有限公司
承印者：天津盛辉印刷有限公司印刷

开本：710×1000　16开本　　印张：35.25　　字数：123千字
版次：2025年3月第1版　　印次：2025年3月第1次印刷
书号：ISBN 978-7-5009-6575-6
印数：1—10,000册
定价：236.00元（全套）

版权所有·侵权必究
购买本社图书，如遇有缺损页可与发行与市场营销部联系
发行电话：（010）67151482
社　　址：北京市东城区体育馆路8号（100061）
网　　址：www.psphpress.com